# TRANZLATY

**El idioma es para todos**

Język jest dla każdego

# La Bella y la Bestia

# Piękna i Bestia

Gabrielle-Suzanne Barbot de Villeneuve

Español / Polsku

Copyright © 2025 Tranzlaty
All rights reserved
Published by Tranzlaty
ISBN: 978-1-80572-088-1
Original text by Gabrielle-Suzanne Barbot de Villeneuve
La Belle et la Bête
First published in French in 1740
Taken from The Blue Fairy Book (Andrew Lang)
Illustration by Walter Crane
**www.tranzlaty.com**

**Había una vez un rico comerciante**
Był sobie bogaty kupiec
**Este rico comerciante tuvo seis hijos.**
ten bogaty kupiec miał sześcioro dzieci
**Tenía tres hijos y tres hijas.**
miał trzech synów i trzy córki
**No escatimó en gastos para su educación**
nie szczędził kosztów na ich edukację
**Porque era un hombre sensato**
ponieważ był człowiekiem rozsądnym
**pero dio a sus hijos muchos siervos**
ale dał swoim dzieciom wiele sług
**Sus hijas eran extremadamente bonitas**
jego córki były niezwykle ładne
**Y su hija menor era especialmente bonita.**
a jego najmłodsza córka była szczególnie ładna
**Desde niña ya admiraban su belleza**
już jako dziecko podziwiano jej urodę
**y la gente la llamaba por su belleza**
a ludzie nazywali ją ze względu na jej urodę
**Su belleza no se desvaneció a medida que envejecía.**
jej uroda nie przeminęła, gdy się zestarzała
**Así que la gente seguía llamándola por su belleza.**
więc ludzie nadal nazywali ją ze względu na jej urodę
**Esto puso muy celosas a sus hermanas.**
to sprawiło, że jej siostry były bardzo zazdrosne
**Las dos hijas mayores tenían mucho orgullo.**
dwie starsze córki były bardzo dumne
**Su riqueza era la fuente de su orgullo.**
ich bogactwo było źródłem ich dumy
**y tampoco ocultaron su orgullo**
i nie kryli swojej dumy
**No visitaron a las hijas de otros comerciantes.**
nie odwiedzali córek innych kupców
**Porque sólo se encuentran con la aristocracia.**
ponieważ spotykają się tylko z arystokracją

**Salían todos los días a fiestas.**
chodzili codziennie na imprezy
**bailes, obras de teatro, conciertos, etc.**
bale, przedstawienia, koncerty itp.
**y se rieron de su hermana menor**
i śmiali się ze swojej najmłodszej siostry
**Porque pasaba la mayor parte del tiempo leyendo**
ponieważ większość czasu spędzała na czytaniu
**Era bien sabido que eran ricos**
było powszechnie wiadome, że byli bogaci
**Así que varios comerciantes eminentes pidieron su mano.**
więc kilku wybitnych kupców poprosiło o ich rękę
**pero dijeron que no se iban a casar**
ale powiedzieli, że nie zamierzają się pobrać
**Pero estaban dispuestos a hacer algunas excepciones.**
ale byli gotowi zrobić pewne wyjątki
**"Quizás podría casarme con un duque"**
„może mogłabym poślubić księcia"
**"Supongo que podría casarme con un conde"**
„Myślę, że mogłabym poślubić hrabiego"
**Bella agradeció muy civilizadamente a quienes le propusieron matrimonio.**
piękność bardzo uprzejmie podziękowała tym, którzy się jej oświadczyli
**Ella les dijo que todavía era demasiado joven para casarse.**
powiedziała im, że jest jeszcze za młoda, żeby wyjść za mąż
**Ella quería quedarse unos años más con su padre.**
chciała zostać jeszcze kilka lat ze swoim ojcem
**De repente el comerciante perdió su fortuna.**
Nagle kupiec stracił cały majątek
**Lo perdió todo excepto una pequeña casa de campo.**
stracił wszystko oprócz małego domu na wsi
**Y con lágrimas en los ojos les dijo a sus hijos:**
i ze łzami w oczach mówił swoim dzieciom:
**"Tenemos que ir al campo"**
„Musimy pojechać na wieś"

"y debemos trabajar para vivir"
„i musimy pracować na swoje utrzymanie"
**Las dos hijas mayores no querían abandonar el pueblo.**
dwie starsze córki nie chciały opuszczać miasta
**Tenían varios amantes en la ciudad.**
mieli kilku kochanków w mieście
**y estaban seguros de que uno de sus amantes se casaría con ellos**
i byli pewni, że któryś z ich kochanków się z nimi ożeni
**Pensaban que sus amantes se casarían con ellos incluso sin fortuna.**
myśleli, że ich kochankowie poślubią je nawet bez majątku
**Pero las buenas damas estaban equivocadas.**
ale dobre damy się myliły
**Sus amantes los abandonaron muy rápidamente**
ich kochankowie bardzo szybko ich porzucili
**porque ya no tenían fortuna**
ponieważ nie mieli już żadnych majątków
**Esto demostró que en realidad no eran muy queridos.**
pokazało to, że tak naprawdę nie byli lubiani
**Todos dijeron que no merecían compasión.**
wszyscy mówili, że nie zasługują na litość
**"Nos alegra ver su orgullo humillado"**
„jesteśmy szczęśliwi widząc ich dumę upokorzoną"
**"Que se sientan orgullosos de ordeñar vacas"**
„niech będą dumni z dojenia krów"
**Pero estaban preocupados por Bella.**
ale zależało im na pięknie
**Ella era una criatura tan dulce**
była takim słodkim stworzeniem
**Ella hablaba tan amablemente a la gente pobre.**
mówiła tak życzliwie do biednych ludzi
**Y ella era de una naturaleza tan inocente.**
i była tak niewinna
**Varios caballeros se habrían casado con ella.**
Kilku dżentelmenów by ją poślubiło

**Se habrían casado con ella aunque fuera pobre**
wzięliby ją za żonę, nawet gdyby była biedna
**pero ella les dijo que no podía casarlos**
ale powiedziała im, że nie może ich poślubić
**porque ella no dejaría a su padre**
ponieważ nie chciała opuścić ojca
**Ella estaba decidida a ir con él al campo.**
była zdecydowana pojechać z nim na wieś
**para que ella pudiera consolarlo y ayudarlo**
aby mogła go pocieszyć i pomóc
**La pobre belleza estaba muy triste al principio.**
Biedna piękność była na początku bardzo zasmucona
**Ella estaba afligida por la pérdida de su fortuna.**
była zmartwiona utratą majątku
**"Pero llorar no cambiará mi suerte"**
„ale płacz nie zmieni mojego losu"
**"Debo intentar ser feliz sin riquezas"**
„Muszę spróbować uszczęśliwić siebie bez bogactwa"
**Llegaron a su casa de campo**
przyjechali do swojego domu na wsi
**y el comerciante y sus tres hijos se dedicaron a la agricultura**
a kupiec i jego trzej synowie zajęli się rolnictwem
**Bella se levantó a las cuatro de la mañana.**
Piękność wzeszła o czwartej rano
**y se apresuró a limpiar la casa**
i pospieszyła się, żeby posprzątać dom
**y se aseguró de que la cena estuviera lista**
i upewniła się, że kolacja jest gotowa
**Al principio encontró su nueva vida muy difícil.**
na początku nowe życie wydawało jej się bardzo trudne
**porque no estaba acostumbrada a ese tipo de trabajo**
ponieważ nie była przyzwyczajona do takiej pracy
**Pero en menos de dos meses se hizo más fuerte.**
ale w niecałe dwa miesiące stała się silniejsza
**Y ella estaba más sana que nunca.**
i była zdrowsza niż kiedykolwiek wcześniej

**Después de haber hecho su trabajo, leyó**
po skończeniu pracy przeczytała
**Ella tocaba el clavicémbalo**
grała na klawesynie
**o cantaba mientras hilaba seda**
lub śpiewała, przędąc jedwab
**Por el contrario, sus dos hermanas no sabían cómo pasar el tiempo.**
wręcz przeciwnie, jej dwie siostry nie wiedziały, jak spędzać czas
**Se levantaron a las diez y no hicieron nada más que holgazanear todo el día.**
wstali o dziesiątej i cały dzień nic nie robili, tylko leniuchowali
**Lamentaron la pérdida de sus hermosas ropas.**
opłakiwali utratę swoich pięknych ubrań
**y se quejaron de perder a sus conocidos**
i narzekali na utratę znajomych
**"Mirad a nuestra hermana menor", se dijeron.**
„Spójrzcie na naszą najmłodszą siostrę" – powiedzieli sobie
**"¡Qué criatura tan pobre y estúpida es!"**
„jakież to biedne i głupie stworzenie"
**"Es mezquino contentarse con tan poco"**
„to niesprawiedliwe zadowalać się tak małym"
**El amable comerciante tenía una opinión muy diferente.**
miły kupiec był zupełnie innego zdania
**Él sabía muy bien que Bella eclipsaba a sus hermanas.**
wiedział doskonale, że piękno przyćmiewa jej siostry
**Ella los eclipsó tanto en carácter como en mente.**
przyćmiła ich zarówno charakterem, jak i umysłem
**Él admiraba su humildad y su arduo trabajo.**
podziwiał jej pokorę i ciężką pracę
**Pero sobre todo admiraba su paciencia.**
ale najbardziej podziwiał jej cierpliwość
**Sus hermanas le dejaron todo el trabajo por hacer.**
jej siostry zostawiły jej całą pracę do wykonania
**y la insultaban a cada momento**

i obrażali ją co chwilę
**La familia había vivido así durante aproximadamente un año.**
Rodzina żyła w ten sposób przez około rok
**Entonces el comerciante recibió una carta de un contable.**
potem kupiec dostał list od księgowego
**Tenía una inversión en un barco.**
miał inwestycję w statek
**y el barco había llegado sano y salvo**
i statek bezpiecznie dotarł na miejsce
**Esta noticia hizo que las dos hijas mayores se volvieran locas.**
Ta wiadomość zawróciła w głowach dwóm najstarszym córkom
**Inmediatamente tuvieron esperanzas de regresar a la ciudad.**
od razu mieli nadzieję na powrót do miasta
**Porque estaban bastante cansados de la vida en el campo.**
ponieważ byli już zmęczeni życiem na wsi
**Fueron a ver a su padre cuando él se iba.**
poszli do ojca, gdy ten wychodził
**Le rogaron que les comprara ropa nueva**
błagali go, żeby kupił im nowe ubrania
**Vestidos, cintas y todo tipo de cositas.**
sukienki, wstążki i wszelkiego rodzaju drobiazgi
**Pero Bella no pedía nada.**
ale piękność o nic nie prosiła
**Porque pensó que el dinero no sería suficiente.**
ponieważ myślała, że pieniędzy nie wystarczy
**No habría suficiente para comprar todo lo que sus hermanas querían.**
nie wystarczyłoby na zakup wszystkiego, czego chciały jej siostry
**- ¿Qué te gustaría, Bella? -preguntó su padre.**
„Czego sobie życzysz, ślicznotko?" – zapytał jej ojciec.
**"Gracias, padre, por la bondad de pensar en mí", dijo.**
„Dziękuję Ci, Ojcze, za to, że o mnie pomyślałeś" –

powiedziała
**"Padre, ten la amabilidad de traerme una rosa"**
„Ojcze, bądź tak miły i przynieś mi różę"
**"Porque aquí en el jardín no crecen rosas"**
„ponieważ w naszym ogrodzie nie rosną żadne róże"
**"y las rosas son una especie de rareza"**
„a róże są pewnego rodzaju rzadkością"
**A Bella realmente no le importaban las rosas**
Piękność nie przepadała za różami
**Ella solo pidió algo para no condenar a sus hermanas.**
prosiła tylko o coś, żeby nie potępiać swoich sióstr
**Pero sus hermanas pensaron que ella pidió rosas por otros motivos.**
ale jej siostry myślały, że prosiła o róże z innych powodów
**"Lo hizo sólo para parecer especial"**
„zrobiła to tylko po to, żeby wyglądać szczególnie"
**El hombre amable continuó su viaje.**
Dobry człowiek wyruszył w swoją podróż
**pero cuando llego discutieron sobre la mercancia**
ale kiedy przybył, pokłócili się o towar
**Y después de muchos problemas volvió tan pobre como antes.**
i po wielu kłopotach wrócił tak samo biedny jak poprzednio
**Estaba a un par de horas de su propia casa.**
był kilka godzin od swojego domu
**y ya imaginaba la alegría de ver a sus hijos**
i już wyobrażał sobie radość, jaką będzie miał widok swoich dzieci
**pero al pasar por el bosque se perdió**
ale idąc przez las zgubił się
**Llovió y nevó terriblemente**
strasznie padał deszcz i śnieg
**El viento era tan fuerte que lo arrojó del caballo.**
wiatr był tak silny, że zrzucił go z konia
**Y la noche se acercaba rápidamente**
a noc nadchodziła szybko

**Empezó a pensar que podría morir de hambre.**
zaczął myśleć, że może umrzeć z głodu
**y pensó que podría morir congelado**
i myślał, że zamarznie na śmierć
**y pensó que los lobos podrían comérselo**
i myślał, że wilki mogą go zjeść
**Los lobos que oía aullar a su alrededor**
wilki, które słyszał wyjące wokół siebie
**Pero de repente vio una luz.**
ale nagle zobaczył światło
**Vio la luz a lo lejos entre los árboles.**
zobaczył światło w oddali przez drzewa
**Cuando se acercó vio que la luz era un palacio.**
gdy podszedł bliżej zobaczył, że światło było pałacem
**El palacio estaba iluminado de arriba a abajo.**
pałac był oświetlony od góry do dołu
**El comerciante agradeció a Dios por su suerte.**
Kupiec podziękował Bogu za swoje szczęście
**y se apresuró a ir al palacio**
i pośpieszył do pałacu
**Pero se sorprendió al no ver gente en el palacio.**
ale był zaskoczony, że nie było tam żadnych ludzi
**El patio estaba completamente vacío.**
dziedziniec był całkowicie pusty
**y no había señales de vida en ninguna parte**
i nigdzie nie było śladu życia
**Su caballo lo siguió hasta el palacio.**
jego koń podążył za nim do pałacu
**y luego su caballo encontró un gran establo**
a potem jego koń znalazł dużą stajnię
**El pobre animal estaba casi muerto de hambre.**
biedne zwierzę było prawie głodne
**Entonces su caballo fue a buscar heno y avena.**
więc jego koń poszedł szukać siana i owsa
**Afortunadamente encontró mucho para comer.**
na szczęście znalazł dużo jedzenia

y el mercader ató su caballo al pesebre
a kupiec przywiązał konia do żłobu
Caminando hacia la casa no vio a nadie.
idąc w stronę domu nie widział nikogo
Pero en un gran salón encontró un buen fuego.
ale w dużej sali znalazł dobry ogień
y encontró una mesa puesta para uno
i znalazł stół nakryty dla jednej osoby
Estaba mojado por la lluvia y la nieve.
był mokry od deszczu i śniegu
Entonces se acercó al fuego para secarse.
więc podszedł do ognia, żeby się osuszyć
"Espero que el dueño de la casa me disculpe"
„Mam nadzieję, że gospodarz domu mnie wybaczy"
"Supongo que no tardará mucho en aparecer alguien"
„Myślę, że nie potrwa długo, zanim ktoś się pojawi"
Esperó un tiempo considerable
Czekał dość długo
Esperó hasta que dieron las once y todavía no venía nadie.
czekał, aż wybiła jedenasta, ale nadal nikt nie przyszedł
Al final tenía tanta hambre que no podía esperar más.
w końcu był tak głodny, że nie mógł już dłużej czekać
Tomó un poco de pollo y se lo comió en dos bocados.
wziął trochę kurczaka i zjadł go w dwóch kęsach
Estaba temblando mientras comía la comida.
trząsł się jedząc jedzenie
Después de esto bebió unas copas de vino.
potem wypił kilka kieliszków wina
Cada vez más valiente, salió del salón.
stając się coraz odważniejszym wyszedł z sali
y atravesó varios grandes salones
i przeszedł przez kilka wspaniałych sal
Caminó por el palacio hasta llegar a una cámara.
przeszedł przez pałac, aż wszedł do komnaty
Una habitación que tenía una cama muy buena.
komnata, w której znajdowało się wyjątkowo dobre łóżko

**Estaba muy fatigado por su terrible experiencia.**
był bardzo zmęczony tym, co go spotkało
**Y ya era pasada la medianoche**
a była już po północy
**Entonces decidió que era mejor cerrar la puerta.**
więc postanowił, że najlepiej będzie zamknąć drzwi
**y concluyó que debía irse a la cama**
i doszedł do wniosku, że powinien iść spać
**Eran las diez de la mañana cuando el comerciante se despertó.**
Była dziesiąta rano, gdy kupiec się obudził
**Justo cuando iba a levantarse vio algo**
gdy miał już wstać, zobaczył coś
**Se sorprendió al ver un conjunto de ropa limpia.**
ze zdumieniem zobaczył czysty zestaw ubrań
**En el lugar donde había dejado su ropa sucia.**
w miejscu, gdzie zostawił swoje brudne ubrania
**"Seguramente este palacio pertenece a algún tipo de hada"**
„z pewnością ten pałac należy do jakiejś wróżki"
**" Un hada que me ha visto y se ha compadecido de mí"**
„ wróżka , która mnie zobaczyła i zlitowała się nade mną"
**Miró por una ventana**
spojrzał przez okno
**Pero en lugar de nieve vio el jardín más delicioso.**
ale zamiast śniegu zobaczył najpiękniejszy ogród
**Y en el jardín estaban las rosas más hermosas.**
a w ogrodzie były najpiękniejsze róże
**Luego regresó al gran salón.**
następnie wrócił do wielkiej sali
**El salón donde había tomado sopa la noche anterior.**
sala, w której poprzedniego wieczoru jadł zupę
**y encontró un poco de chocolate en una mesita**
i znalazł trochę czekolady na małym stoliku
**"Gracias, buena señora hada", dijo en voz alta.**
„Dziękuję, dobra Wróżko" – powiedział głośno
**"Gracias por ser tan cariñoso"**

„dziękuję za troskę"
"Le estoy sumamente agradecido por todos sus favores"
„Jestem Ci niezmiernie zobowiązany za wszystkie przysługi"
El hombre amable bebió su chocolate.
miły człowiek wypił swoją czekoladę
y luego fue a buscar su caballo
a potem poszedł szukać swojego konia
Pero en el jardín recordó la petición de Bella.
ale w ogrodzie przypomniał sobie prośbę piękności
y cortó una rama de rosas
i odciął gałązkę róży
Inmediatamente oyó un gran ruido
natychmiast usłyszał wielki hałas
y vio una bestia terriblemente espantosa
i zobaczył strasznie przerażającą bestię
Estaba tan asustado que estaba a punto de desmayarse.
był tak przestraszony, że miał ochotę zemdleć
-Eres muy desagradecido -le dijo la bestia.
„Jesteś bardzo niewdzięczny" – powiedziało do niego zwierzę
Y la bestia habló con voz terrible
a bestia przemówiła strasznym głosem
"Te he salvado la vida al permitirte entrar en mi castillo"
„Uratowałem ci życie, pozwalając ci wejść do mojego zamku"
"¿Y a cambio me robas mis rosas?"
„a ty w zamian kradniesz moje róże?"
"Las rosas que valoro más que nada"
„Róże, które cenię ponad wszystko"
"Pero morirás por lo que has hecho"
„ale umrzesz za to, co zrobiłeś"
"Sólo te doy un cuarto de hora para que te prepares"
„Daję ci tylko kwadrans na przygotowanie się"
"Prepárate para la muerte y di tus oraciones"
„przygotuj się na śmierć i odmów modlitwę"
El comerciante cayó de rodillas
Kupiec padł na kolana
y alzó ambas manos

i podniósł obie ręce
**"Mi señor, le ruego que me perdone"**
„Mój panie, proszę cię o wybaczenie"
**"No tuve intención de ofenderte"**
„Nie miałem zamiaru cię urazić"
**"Recogí una rosa para una de mis hijas"**
„Zebrałem różę dla jednej z moich córek"
**"Ella me pidió que le trajera una rosa"**
„poprosiła mnie, żebym przyniósł jej różę"
**-No soy tu señor, pero soy una bestia -respondió el monstruo.**
„Nie jestem twoim panem, ale jestem zwierzęciem" – odpowiedział potwór
**"No me gustan los cumplidos"**
„Nie lubię komplementów"
**"Me gusta la gente que habla como piensa"**
„Lubię ludzi, którzy mówią tak, jak myślą"
**"No creas que me puedo conmover con halagos"**
„nie wyobrażaj sobie, że mogę być poruszony pochlebstwem"
**"Pero dices que tienes hijas"**
„Ale mówisz, że masz córki"
**"Te perdonaré con una condición"**
„Wybaczę ci pod jednym warunkiem"
**"Una de tus hijas debe venir voluntariamente a mi palacio"**
„jedna z twoich córek musi przyjść do mojego pałacu z własnej woli"
**"y ella debe sufrir por ti"**
„i ona musi cierpieć za ciebie"
**"Déjame tener tu palabra"**
„Daj mi swoje słowo"
**"Y luego podrás continuar con tus asuntos"**
„a potem możesz zająć się swoimi sprawami"
**"Prométeme esto:"**
"Obiecaj mi to:"
**"Si tu hija se niega a morir por ti, deberás regresar dentro de tres meses"**

„Jeśli twoja córka nie chce umrzeć za ciebie, musisz wrócić w ciągu trzech miesięcy"
**El comerciante no tenía intenciones de sacrificar a sus hijas.**
kupiec nie miał zamiaru poświęcić swoich córek
**Pero, como le habían dado tiempo, quiso volver a ver a sus hijas.**
ale skoro miał czas, chciał jeszcze raz zobaczyć swoje córki
**Así que prometió que volvería.**
więc obiecał, że wróci
**Y la bestia le dijo que podía partir cuando quisiera.**
a bestia powiedziała mu, że może wyruszyć, kiedy zechce
**y la bestia le dijo una cosa más**
a bestia powiedziała mu jeszcze jedną rzecz
"No te irás con las manos vacías"
„Nie odejdziesz z pustymi rękami"
"Vuelve a la habitación donde yacías"
"wróć do pokoju, w którym leżałeś"
"Verás un gran cofre del tesoro vacío"
„zobaczysz wielką, pustą skrzynię ze skarbami"
"Llena el cofre del tesoro con lo que más te guste"
„napełnij skrzynię skarbów tym, co lubisz najbardziej"
"y enviaré el cofre del tesoro a tu casa"
„i wyślę skrzynię ze skarbami do twojego domu"
**Y al mismo tiempo la bestia se retiró.**
i w tym samym momencie bestia się wycofała
"Bueno", se dijo el buen hombre.
„Cóż" – powiedział do siebie dobry człowiek
"Si tengo que morir, al menos dejaré algo a mis hijos"
„Jeśli muszę umrzeć, to przynajmniej zostawię coś moim dzieciom"
**Así que regresó al dormitorio.**
więc wrócił do sypialni
**y encontró una gran cantidad de piezas de oro**
i znalazł mnóstwo sztuk złota
**Llenó el cofre del tesoro que la bestia había mencionado.**
napełnił skrzynię ze skarbami, o której wspominała bestia

y sacó su caballo del establo
i wyprowadził konia ze stajni
**La alegría que sintió al entrar al palacio ahora era igual al dolor que sintió al salir de él.**
radość, którą czuł wchodząc do pałacu, była teraz równa żalowi, jaki czuł opuszczając go
**El caballo tomó uno de los caminos del bosque.**
koń wziął jedną z dróg leśnych
**Y en pocas horas el buen hombre estaba en casa.**
i po kilku godzinach dobry człowiek był już w domu
**Sus hijos vinieron a él**
jego dzieci przyszły do niego
**Pero en lugar de recibir sus abrazos con placer, los miró.**
ale zamiast przyjąć ich uściski z przyjemnością, spojrzał na nich
**Levantó la rama que tenía en sus manos.**
podniósł gałąź, którą trzymał w rękach
**y luego estalló en lágrimas**
i wtedy wybuchnął płaczem
**"Belleza", dijo, "por favor toma estas rosas".**
„Piękno" – powiedział – „proszę, weź te róże"
**"No puedes saber lo costosas que han sido estas rosas"**
„nie możesz wiedzieć, jak drogie były te róże"
**"Estas rosas le han costado la vida a tu padre"**
„te róże kosztowały twojego ojca życie"
**Y luego contó su fatal aventura.**
a potem opowiedział o swojej fatalnej przygodzie
**Inmediatamente las dos hermanas mayores gritaron.**
natychmiast dwie starsze siostry krzyknęły
**y le dijeron muchas cosas malas a su hermosa hermana**
i mówili wiele przykrych rzeczy swojej pięknej siostrze
**Pero Bella no lloró en absoluto.**
ale piękność wcale nie płakała
**"Mirad el orgullo de ese pequeño desgraciado", dijeron.**
„Spójrzcie na dumę tego małego nędznika" – powiedzieli
**"ella no pidió ropa fina"**

„nie prosiła o eleganckie ubrania"
**"Ella debería haber hecho lo que hicimos"**
„powinna była zrobić to, co my"
**"ella quería distinguirse"**
„chciała się wyróżnić"
**"Así que ahora ella será la muerte de nuestro padre"**
„więc teraz ona będzie śmiercią naszego ojca"
**"Y aún así no derrama ni una lágrima"**
„a jednak nie uroniła ani jednej łzy"
**"¿Por qué debería llorar?" respondió Bella**
„Dlaczego miałabym płakać?" odpowiedziała piękność
**"Llorar sería muy innecesario"**
„płacz byłby zupełnie niepotrzebny"
**"mi padre no sufrirá por mí"**
„mój ojciec nie będzie cierpiał za mnie"
**"El monstruo aceptará a una de sus hijas"**
„potwór zaakceptuje jedną ze swoich córek"
**"Me ofreceré a toda su furia"**
„Oddam się całemu jego gniewowi"
**"Estoy muy feliz, porque mi muerte salvará la vida de mi padre"**
„Jestem bardzo szczęśliwy, bo moja śmierć uratuje życie mojemu ojcu"
**"mi muerte será una prueba de mi amor"**
„moja śmierć będzie dowodem mojej miłości"
**-No, hermana -dijeron sus tres hermanos.**
„Nie, siostro" – powiedzieli jej trzej bracia
**"Eso no será"**
„to się nie zdarzy"
**"Iremos a buscar al monstruo"**
„pójdziemy znaleźć potwora"
**"y o lo matamos..."**
"i albo go zabijemy..."
**"...o pereceremos en el intento"**
„...lub zginiemy w próbie"
**"No imaginéis tal cosa, hijos míos", dijo el mercader.**

„Nie wyobrażajcie sobie niczego takiego, moi synowie" – powiedział kupiec
"El poder de la bestia es tan grande que no tengo esperanzas de que puedas vencerlo"
„siła bestii jest tak wielka, że nie mam nadziei, że zdołasz ją pokonać"
"Estoy encantado con la amable y generosa oferta de Bella"
„Jestem oczarowany miłą i hojną ofertą piękna"
"pero no puedo aceptar su generosidad"
„ale nie mogę przyjąć jej hojności"
"Soy viejo y no me queda mucho tiempo de vida"
„Jestem stary i nie zostało mi już dużo czasu"
"Así que sólo puedo perder unos pocos años"
„więc mogę stracić tylko kilka lat"
"Tiempo que lamento por vosotros, mis queridos hijos"
„czas, którego żałuję za was, moje drogie dzieci"
"Pero padre", dijo Bella
„Ale ojcze" – powiedziała piękność
"No irás al palacio sin mí"
„nie pójdziesz do pałacu beze mnie"
"No puedes impedir que te siga"
„nie możesz mi zabronić podążania za tobą"
**Nada podría convencer a Bella de lo contrario.**
nic nie mogłoby przekonać piękna inaczej
**Ella insistió en ir al bello palacio.**
nalegała na pójście do pięknego pałacu
**y sus hermanas estaban encantadas con su insistencia**
a jej siostry były zachwycone jej uporem
**El comerciante estaba preocupado ante la idea de perder a su hija.**
Kupiec martwił się myślą o stracie córki
**Estaba tan preocupado que se había olvidado del cofre lleno de oro.**
był tak zmartwiony, że zapomniał o skrzyni pełnej złota
**Por la noche se retiró a descansar y cerró la puerta de su habitación.**

wieczorem udał się na spoczynek i zamknął drzwi swojej komnaty
**Entonces, para su gran asombro, encontró el tesoro junto a su cama.**
potem, ku swemu wielkiemu zdziwieniu, znalazł skarb przy łóżku
**Estaba decidido a no contárselo a sus hijos.**
postanowił nie mówić o tym swoim dzieciom
**Si lo supieran, hubieran querido regresar al pueblo.**
gdyby wiedzieli, chcieliby wrócić do miasta
**y estaba decidido a no abandonar el campo**
i postanowił nie opuszczać wsi
**Pero él confió a Bella el secreto.**
ale powierzył piękności sekret
**Ella le informó que dos caballeros habían llegado.**
poinformowała go, że przyszło dwóch panów
**y le hicieron propuestas a sus hermanas**
i złożyli propozycje jej siostrom
**Ella le rogó a su padre que consintiera su matrimonio.**
błagała ojca o zgodę na ich ślub
**y ella le pidió que les diera algo de su fortuna**
i poprosiła go, żeby dał im część swojego majątku
**Ella ya los había perdonado.**
ona już im wybaczyła
**Las malvadas criaturas se frotaron los ojos con cebollas.**
niegodziwe stworzenia przecierały oczy cebulą
**Para forzar algunas lágrimas cuando se separaron de su hermana.**
wymusić łzy, gdy rozstawali się ze swoją siostrą
**Pero sus hermanos realmente estaban preocupados.**
ale jej bracia naprawdę się martwili
**Bella fue la única que no derramó ninguna lágrima.**
Piękność była jedyną, która nie uroniła ani jednej łzy
**Ella no quería aumentar su malestar.**
nie chciała zwiększać ich niepokoju
**El caballo tomó el camino directo al palacio.**

koń pojechał prostą drogą do pałacu
**y hacia la tarde vieron el palacio iluminado**
a pod wieczór ujrzeli oświetlony pałac
**El caballo volvió a entrar solo en el establo.**
koń sam znowu wszedł do stajni
**Y el buen hombre y su hija entraron en el gran salón.**
i dobry człowiek i jego córka poszli do wielkiej sali
**Aquí encontraron una mesa espléndidamente servida.**
tutaj znaleźli stół wspaniale zastawiony
**El comerciante no tenía apetito para comer**
kupiec nie miał apetytu na jedzenie
**Pero Bella se esforzó por parecer alegre.**
ale piękność starała się wyglądać radośnie
**Ella se sentó a la mesa y ayudó a su padre.**
usiadła przy stole i pomogła ojcu
**Pero también pensó para sí misma:**
ale pomyślała też:
**"La bestia seguramente quiere engordarme antes de comerme"**
„Bestia na pewno chce mnie utuczyć zanim mnie zje"
**"Por eso ofrece tanto entretenimiento"**
„dlatego zapewnia tak dużo rozrywki"
**Después de haber comido oyeron un gran ruido.**
po jedzeniu usłyszeli wielki hałas
**Y el comerciante se despidió de su desdichado hijo con lágrimas en los ojos.**
a kupiec pożegnał swoje nieszczęsne dziecko ze łzami w oczach
**Porque sabía que la bestia venía**
ponieważ wiedział, że bestia nadchodzi
**Bella estaba aterrorizada por su horrible forma.**
Piękność była przerażona jego okropną postacią
**Pero ella tomó coraje lo mejor que pudo.**
ale zebrała się na odwagę, tak jak potrafiła
**Y el monstruo le preguntó si venía voluntariamente.**
a potwór zapytał ją, czy przyszła dobrowolnie

**-Sí, he venido voluntariamente -dijo temblando.**
„tak, przyszłam z własnej woli" – powiedziała drżąc
**La bestia respondió: "Eres muy bueno"**
bestia odpowiedziała: „Jesteś bardzo dobry"
**"Y te lo agradezco mucho, hombre honesto"**
„i jestem ci bardzo zobowiązany, uczciwy człowieku"
**"Continuad vuestro camino mañana por la mañana"**
"idźcie jutro rano"
**"Pero nunca pienses en venir aquí otra vez"**
„ale nigdy więcej nie myśl o powrocie tutaj"
**"Adiós bella, adiós bestia", respondió.**
„Żegnaj, piękności, żegnaj, bestio" – odpowiedział
**Y de inmediato el monstruo se retiró.**
i natychmiast potwór się wycofał
**"Oh, hija", dijo el comerciante.**
„Och, córko" – powiedział kupiec
**y abrazó a su hija una vez más**
i ponownie objął córkę
**"Estoy casi muerto de miedo"**
„Jestem przerażony na śmierć"
**"Créeme, será mejor que regreses"**
„uwierz mi, lepiej będzie jak wrócisz"
**"déjame quedarme aquí, en tu lugar"**
„pozwól mi tu zostać, zamiast ciebie"
**—No, padre —dijo Bella con tono decidido.**
„Nie, ojcze" – powiedziała piękność stanowczym tonem
**"Partirás mañana por la mañana"**
„wyruszysz jutro rano"
**"déjame al cuidado y protección de la providencia"**
„pozostaw mnie opiece i ochronie Opatrzności"
**Aún así se fueron a la cama**
niemniej jednak poszli spać
**Pensaron que no cerrarían los ojos en toda la noche.**
myśleli, że nie zamkną oczu przez całą noc
**pero justo cuando se acostaron se durmieron**
ale gdy się położyli, zasnęli

**Bella soñó que una bella dama se acercó y le dijo:**
piękność przyśniła się pięknej damie, która przyszła do niej i rzekła:
**"Estoy contento, bella, con tu buena voluntad"**
„Jestem zadowolony, piękno, z twojej dobrej woli"
**"Esta buena acción tuya no quedará sin recompensa"**
„Twój dobry uczynek nie pozostanie bez nagrody"
**Bella se despertó y le contó a su padre su sueño.**
Piękność obudziła się i opowiedziała ojcu swój sen
**El sueño ayudó a consolarlo un poco.**
sen pomógł mu się trochę pocieszyć
**Pero no pudo evitar llorar amargamente mientras se marchaba.**
ale nie mógł powstrzymać się od gorzkiego płaczu, gdy odchodził
**Tan pronto como se fue, Bella se sentó en el gran salón y lloró también.**
zaraz po jego wyjściu piękność usiadła w wielkiej sali i też zaczęła płakać
**Pero ella decidió no sentirse inquieta.**
ale postanowiła nie czuć się nieswojo
**Ella decidió ser fuerte por el poco tiempo que le quedaba de vida.**
postanowiła być silna w tym krótkim czasie, który jej pozostał
**Porque creía firmemente que la bestia la comería.**
ponieważ głęboko wierzyła, że bestia ją zje
**Sin embargo, pensó que también podría explorar el palacio.**
jednak pomyślała, że równie dobrze może zwiedzić pałac
**y ella quería ver el hermoso castillo**
i chciała zobaczyć piękny zamek
**Un castillo que no pudo evitar admirar.**
zamek, którego nie mogła nie podziwiać
**Era un palacio deliciosamente agradable.**
to był zachwycająco przyjemny pałac
**y ella se sorprendió muchísimo al ver una puerta**
i była niezwykle zaskoczona, widząc drzwi

Y sobre la puerta estaba escrito que era su habitación.
a nad drzwiami było napisane, że to jej pokój
**Ella abrió la puerta apresuradamente**
ona szybko otworzyła drzwi
**y ella quedó completamente deslumbrada con la magnificencia de la habitación.**
i była olśniona wspaniałością pokoju
Lo que más le llamó la atención fue una gran biblioteca.
jej uwagę przykuła przede wszystkim duża biblioteka
Un clavicémbalo y varios libros de música.
klawesyn i kilka książek muzycznych
"Bueno", se dijo a sí misma.
„Cóż" – powiedziała do siebie
"Veo que la bestia no dejará que mi tiempo cuelgue pesadamente"
„Widzę, że bestia nie pozwoli, by mój czas wisiał na włosku"
**Entonces reflexionó sobre su situación.**
po czym zastanowiła się nad swoją sytuacją
"Si me hubiera quedado un día, todo esto no estaría aquí"
„Gdybym miał tu zostać jeden dzień, to by tego wszystkiego tu nie było"
**Esta consideración le inspiró nuevo coraje.**
to rozważenie natchnęło ją nową odwagą
**y tomó un libro de su nueva biblioteca**
i wzięła książkę ze swojej nowej biblioteki
**y leyó estas palabras en letras doradas:**
i przeczytała te słowa złotymi literami:
**"Bienvenida Bella, destierra el miedo"**
„Witaj piękno, wygnaj strach"
**"Eres reina y señora aquí"**
„Jesteś tu królową i panią"
**"Di tus deseos, di tu voluntad"**
„Wyraź swoje życzenia, wyraź swoją wolę"
**"Aquí la obediencia rápida cumple tus deseos"**
„Tutaj szybkie posłuszeństwo spełni twoje życzenia"
**"¡Ay!", dijo ella con un suspiro.**

„Niestety" – powiedziała z westchnieniem
"Lo que más deseo es ver a mi pobre padre"
„Najbardziej pragnę zobaczyć mojego biednego ojca"
"y me gustaría saber qué está haciendo"
„i chciałbym wiedzieć, co on robi"
Tan pronto como dijo esto se dio cuenta del espejo.
Gdy tylko to powiedziała, zauważyła lustro
Para su gran asombro, vio su propia casa en el espejo.
ku swemu wielkiemu zdziwieniu zobaczyła w lustrze swój własny dom
Su padre llegó emocionalmente agotado.
jej ojciec przybył wyczerpany emocjonalnie
Sus hermanas fueron a recibirlo
jej siostry poszły go spotkać
A pesar de sus intentos de parecer tristes, su alegría era visible.
pomimo prób udawania smutnych, ich radość była widoczna
Un momento después todo desapareció
chwilę później wszystko zniknęło
Y las aprensiones de Bella también desaparecieron.
i obawy dotyczące piękna również zniknęły
porque sabía que podía confiar en la bestia
bo wiedziała, że może zaufać bestii
Al mediodía encontró la cena lista.
O południu znalazła gotową kolację
Ella se sentó a la mesa
usiadła przy stole
y se entretuvo con un concierto de música
i zabawiano ją koncertem muzycznym
Aunque no podía ver a nadie
chociaż nie mogła nikogo zobaczyć
Por la noche se sentó a cenar otra vez
wieczorem znów zasiadła do kolacji
Esta vez escuchó el ruido que hizo la bestia.
tym razem usłyszała hałas, jaki wydawała bestia
y ella no pudo evitar estar aterrorizada

i nie mogła powstrzymać przerażenia
"belleza", dijo el monstruo
„Piękno" – powiedział potwór
"¿Me permites comer contigo?"
„Czy pozwolisz mi zjeść z tobą?"
"Haz lo que quieras", respondió Bella temblando.
„Rób, co chcesz" odpowiedziała piękność drżąc
"No", respondió la bestia.
„Nie" odpowiedziało zwierzę
"Sólo tú eres la señora aquí"
"Ty sama jesteś tu panią"
"Puedes despedirme si soy problemático"
„możesz mnie odesłać, jeśli sprawiam kłopoty"
"Despídeme y me retiraré inmediatamente"
„odeślij mnie, a natychmiast się wycofam"
-Pero dime, ¿no te parece que soy muy fea?
„Ale powiedz mi, czy nie uważasz, że jestem bardzo brzydka?"
"Eso es verdad", dijo Bella.
„To prawda" – powiedziała piękność
"No puedo decir una mentira"
„Nie potrafię kłamać"
"Pero creo que tienes muy buen carácter"
„ale wierzę, że jesteś bardzo dobroduszny"
"Sí, lo soy", dijo el monstruo.
„Tak, rzeczywiście" – powiedział potwór
"Pero aparte de mi fealdad, tampoco tengo sentido"
„Ale oprócz mojej brzydoty nie mam też żadnego rozumu"
"Sé muy bien que soy una criatura tonta"
„Dobrze wiem, że jestem głupim stworzeniem"
—No es ninguna locura pensar así —replicó Bella.
„Nie jest to oznaką głupoty tak myśleć" – odpowiedziała piękność
"Come entonces, bella", dijo el monstruo.
„Jedz więc, piękna" – powiedział potwór
"Intenta divertirte en tu palacio"

„spróbuj zabawić się w swoim pałacu"
"Todo aquí es tuyo"
„wszystko tutaj jest twoje"
"Y me sentiría muy incómodo si no fueras feliz"
„i byłoby mi bardzo nieswojo, gdybyś nie był szczęśliwy"
-Eres muy servicial -respondió Bella.
„Jesteś bardzo uprzejmy" odpowiedziała piękność
"Admito que estoy complacido con su amabilidad"
„Przyznaję, że jestem zadowolony z Twojej życzliwości"
"Y cuando considero tu bondad, apenas noto tus deformidades"
„a gdy pomyślę o twojej dobroci, ledwie zauważam twoje deformacje"
"Sí, sí", dijo la bestia, "mi corazón es bueno".
„Tak, tak" – powiedziało zwierzę – „moje serce jest dobre"
"Pero aunque soy bueno, sigo siendo un monstruo"
„ale chociaż jestem dobry, nadal jestem potworem"
"Hay muchos hombres que merecen ese nombre más que tú"
„Jest wielu mężczyzn, którzy bardziej niż ty zasługują na to imię"
"Y te prefiero tal como eres"
"i wolę cię takiego, jaki jesteś"
"y te prefiero más que a aquellos que esconden un corazón ingrato"
„i wolę cię bardziej niż tych, którzy kryją niewdzięczne serce"
"Si tuviera algo de sentido común", respondió la bestia.
„gdybym tylko miał trochę rozumu" – odpowiedziało zwierzę
"Si tuviera sentido común, te haría un buen cumplido para agradecerte"
„gdybym miał rozum, powiedziałbym ci miły komplement, aby ci podziękować"
"Pero soy tan aburrida"
„ale jestem taki nudny"
"Sólo puedo decir que le estoy muy agradecido"
„Mogę tylko powiedzieć, że jestem Ci bardzo zobowiązany"
Bella comió una cena abundante

piękność zjadła obfitą kolację
**y ella casi había superado su miedo al monstruo**
i prawie pokonała strach przed potworem
**Pero ella quería desmayarse cuando la bestia le hizo la siguiente pregunta.**
ale chciała zemdleć, gdy bestia zadała jej kolejne pytanie
"Belleza, ¿quieres ser mi esposa?"
"Piękno, czy zostaniesz moją żoną?"
**Ella tardó un tiempo antes de poder responder.**
trochę czasu jej zajęło zanim mogła odpowiedzieć
**Porque tenía miedo de hacerlo enojar**
ponieważ bała się, że go rozgniewa
**Al final, sin embargo, dijo: "No, bestia".**
w końcu jednak powiedziała "nie, bestio"
**Inmediatamente el pobre monstruo silbó muy espantosamente.**
biedny potwór natychmiast zasyczał bardzo przeraźliwie
**y todo el palacio hizo eco**
i cały pałac rozbrzmiał echem
**Pero Bella pronto se recuperó de su susto.**
ale piękność szybko otrząsnęła się ze strachu
**porque la bestia volvió a hablar con voz triste**
bo bestia przemówiła ponownie żałosnym głosem
"Entonces adiós, belleza"
„to żegnaj, piękna"
**y sólo se volvía de vez en cuando**
i tylko od czasu do czasu się odwracał
**mirarla mientras salía**
patrzeć na nią, gdy wychodził
**Ahora Bella estaba sola otra vez**
teraz piękno znów było samotne
**Ella sintió mucha compasión**
poczuła wielkie współczucie
"Ay, es una lástima"
„Och, to wielka szkoda"
"algo tan bueno no debería ser tan feo"

„coś tak dobrodusznego nie powinno być tak brzydkie"
**Bella pasó tres meses muy contenta en palacio.**
piękność spędziła trzy miesiące bardzo zadowolona w pałacu
**Todas las noches la bestia le hacía una visita.**
każdego wieczoru bestia ją odwiedzała
**y hablaron durante la cena**
i rozmawiali podczas kolacji
**Hablaban con sentido común**
rozmawiali ze zdrowym rozsądkiem
**Pero no hablaban con lo que la gente llama ingenio.**
ale nie rozmawiali z tym, co ludzie nazywają dowcipnością
**Bella siempre descubre algún carácter valioso en la bestia.**
piękność zawsze odkrywała jakąś wartościową cechę w bestii
**y ella se había acostumbrado a su deformidad**
i przyzwyczaiła się do jego deformacji
**Ella ya no temía el momento de su visita.**
nie bała się już czasu jego wizyty
**Ahora a menudo miraba su reloj.**
teraz często patrzyła na zegarek
**y ella no podía esperar a que fueran las nueve en punto**
i nie mogła się doczekać, aż będzie dziewiąta
**Porque la bestia nunca dejaba de venir a esa hora**
ponieważ bestia nigdy nie przegapiła przyjścia o tej porze
**Sólo había una cosa que preocupaba a Bella.**
była tylko jedna rzecz, która dotyczyła piękna
**Todas las noches antes de irse a dormir la bestia le hacía la misma pregunta.**
każdej nocy, zanim poszła spać, bestia zadawała jej to samo pytanie
**El monstruo le preguntó si sería su esposa.**
potwór zapytał ją, czy zostanie jego żoną
**Un día ella le dijo: "bestia, me pones muy nerviosa"**
Pewnego dnia powiedziała mu: „Bestio, bardzo mnie niepokoisz"
**"Me gustaría poder consentir en casarme contigo"**
„Chciałbym wyrazić zgodę na ślub z tobą"

**"Pero soy demasiado sincero para hacerte creer que me casaría contigo"**
„ale jestem zbyt szczery, żeby wmówić ci, że chciałbym cię poślubić"
**"nuestro matrimonio nunca se realizará"**
„nasze małżeństwo nigdy nie dojdzie do skutku"
**"Siempre te veré como un amigo"**
„Zawsze będę cię uważać za przyjaciela"
**"Por favor, trate de estar satisfecho con esto"**
„proszę, postaraj się być tym usatysfakcjonowany"
**"Debo estar satisfecho con esto", dijo la bestia.**
„Muszę się tym zadowolić" – powiedziało zwierzę
**"Conozco mi propia desgracia"**
„Znam swoje nieszczęście"
**"pero te amo con el más tierno cariño"**
„ale kocham cię najczulszym uczuciem"
**"Sin embargo, debo considerarme feliz"**
„Jednakże powinienem uważać się za szczęśliwego"
**"Y me alegraría que te quedaras aquí"**
„i powinnam być szczęśliwa, że tu zostaniesz"
**"Prométeme que nunca me dejarás"**
„obiecuj mi, że nigdy mnie nie opuścisz"
**Bella se sonrojó ante estas palabras.**
Piękność zarumieniła się na te słowa
**Un día Bella se estaba mirando en el espejo.**
Pewnego dnia piękność spojrzała w lustro
**Su padre se había preocupado muchísimo por ella.**
jej ojciec bardzo się o nią martwił
**Ella anhelaba verlo de nuevo más que nunca.**
pragnęła go zobaczyć jeszcze bardziej niż kiedykolwiek
**"Podría prometerte que nunca te abandonaré por completo"**
„Mogę obiecać, że nigdy cię całkowicie nie opuszczę"
**"Pero tengo un deseo tan grande de ver a mi padre"**
„ale mam wielką ochotę zobaczyć mojego ojca"
**"Me molestaría muchísimo si dijeras que no"**
„Byłbym niesamowicie zdenerwowany, gdybyś powiedział

nie"
**"Preferiría morir yo mismo", dijo el monstruo.**
„Wolałbym umrzeć sam" – powiedział potwór
**"Prefiero morir antes que hacerte sentir incómodo"**
„Wolę umrzeć, niż sprawić ci przykrość"
**"Te enviaré con tu padre"**
„Poślę cię do twojego ojca"
**"permanecerás con él"**
„pozostaniesz z nim"
**"y esta desafortunada bestia morirá de pena en su lugar"**
„a to nieszczęsne zwierzę umrze z żalu"
**"No", dijo Bella, llorando.**
„Nie" – powiedziała piękność, płacząc
**"Te amo demasiado para ser la causa de tu muerte"**
„Kocham cię zbyt mocno, żeby być przyczyną twojej śmierci"
**"Te doy mi promesa de regresar en una semana"**
„Obiecuję, że wrócę za tydzień"
**"Me has demostrado que mis hermanas están casadas"**
„Pokazałeś mi, że moje siostry są mężatkami"
**"y mis hermanos se han ido al ejército"**
„a moi bracia poszli do wojska"
**"déjame quedarme una semana con mi padre, ya que está solo"**
„pozwól mi zostać tydzień u ojca, bo jest sam"
**"Estarás allí mañana por la mañana", dijo la bestia.**
„Będziesz tam jutro rano" – powiedziało zwierzę
**"pero recuerda tu promesa"**
„ale pamiętaj o swojej obietnicy"
**"Solo tienes que dejar tu anillo sobre una mesa antes de irte a dormir"**
„Wystarczy, że położysz pierścionek na stole przed pójściem spać"
**"Y luego serás traído de regreso antes de la mañana"**
„a potem zostaniecie sprowadzeni z powrotem przed rankiem"
**"Adiós querida belleza", suspiró la bestia.**

„Żegnaj, droga piękności" – westchnęła bestia
**Bella se fue a la cama muy triste esa noche.**
Tej nocy piękność poszła spać bardzo smutna
**Porque no quería ver a la bestia tan preocupada.**
ponieważ nie chciała widzieć tak zmartwionego zwierzęcia
**A la mañana siguiente se encontró en la casa de su padre.**
Następnego ranka znalazła się w domu swojego ojca
**Ella hizo sonar una campanita junto a su cama.**
zadzwoniła małym dzwoneczkiem przy łóżku
**y la criada dio un grito fuerte**
a służąca wydała głośny krzyk
**y su padre corrió escaleras arriba**
a jej ojciec pobiegł na górę
**Él pensó que iba a morir de alegría.**
myślał, że umrze ze szczęścia
**La sostuvo en sus brazos durante un cuarto de hora.**
trzymał ją w ramionach przez kwadrans
**Finalmente los primeros saludos terminaron.**
w końcu pierwsze powitania dobiegły końca
**Bella empezó a pensar en levantarse de la cama.**
piękność zaczęła myśleć o wstaniu z łóżka
**pero se dio cuenta de que no había traído ropa**
ale zdała sobie sprawę, że nie zabrała ze sobą żadnych ubrań
**pero la criada le dijo que había encontrado una caja**
ale pokojówka powiedziała jej, że znalazła pudełko
**El gran baúl estaba lleno de vestidos y batas.**
duży kufer był pełen sukien i sukienek
**Cada vestido estaba cubierto de oro y diamantes.**
każda suknia była pokryta złotem i diamentami
**Bella agradeció a la Bestia por su amable atención.**
Piękna podziękowała bestii za jej miłą opiekę
**y tomó uno de los vestidos más sencillos**
i założyła jedną z najzwyklejszych sukienek
**Ella tenía la intención de regalar los otros vestidos a sus hermanas.**
zamierzała oddać pozostałe sukienki swoim siostrom

**Pero ante ese pensamiento el arcón de ropa desapareció.**
ale w tej chwili skrzynia z ubraniami zniknęła
**La bestia había insistido en que la ropa era solo para ella.**
Bestia upierała się, że te ubrania są tylko dla niej
**Su padre le dijo que ese era el caso.**
jej ojciec powiedział jej, że tak było
**Y enseguida volvió el baúl de la ropa.**
i natychmiast kufer z ubraniami wrócił
**Bella se vistió con su ropa nueva**
piękność ubrała się w nowe ubrania
**Y mientras tanto las doncellas fueron a buscar a sus hermanas.**
a tymczasem służące poszły szukać jej sióstr
**Ambas hermanas estaban con sus maridos.**
obie jej siostry były ze swoimi mężami
**Pero sus dos hermanas estaban muy infelices.**
ale obie jej siostry były bardzo nieszczęśliwe
**Su hermana mayor se había casado con un caballero muy guapo.**
jej najstarsza siostra wyszła za mąż za bardzo przystojnego dżentelmena
**Pero estaba tan enamorado de sí mismo que descuidó a su esposa.**
ale był tak zapatrzony w siebie, że zaniedbał żonę
**Su segunda hermana se había casado con un hombre ingenioso.**
jej druga siostra wyszła za mąż za dowcipnego mężczyznę
**Pero usó su ingenio para atormentar a la gente.**
ale używał swojego dowcipu, by dręczyć ludzi
**Y atormentaba a su esposa sobre todo.**
i najbardziej ze wszystkich dręczył swoją żonę
**Las hermanas de Bella la vieron vestida como una princesa**
siostry piękności widziały ją ubraną jak księżniczkę
**y se enfermaron de envidia**
i byli zniesmaczeni zazdrością
**Ahora estaba más bella que nunca**

teraz była piękniejsza niż kiedykolwiek
**Su comportamiento cariñoso no pudo sofocar sus celos.**
jej pełne uczuć zachowanie nie mogło stłumić ich zazdrości
**Ella les contó lo feliz que estaba con la bestia.**
powiedziała im, jak bardzo jest szczęśliwa z bestią
**y sus celos estaban a punto de estallar**
a ich zazdrość była bliska wybuchu
**Bajaron al jardín a llorar su desgracia.**
Zeszli do ogrodu, aby płakać nad swoim nieszczęściem
"**¿En qué sentido esta pequeña criatura es mejor que nosotros?**"
„W czym to małe stworzenie jest lepsze od nas?"
"**¿Por qué debería estar mucho más feliz?**"
„Dlaczego miałaby być o wiele szczęśliwsza?"
"**Hermana", dijo la hermana mayor.**
„Siostro" – powiedziała starsza siostra
"**Un pensamiento acaba de golpear mi mente**"
"właśnie przyszła mi do głowy pewna myśl"
"**Intentemos mantenerla aquí más de una semana**"
„Spróbujmy zatrzymać ją tutaj na dłużej niż tydzień"
"**Quizás esto enfurezca al tonto monstruo**"
„może to rozwścieczy głupiego potwora"
"**porque ella hubiera faltado a su palabra**"
„ponieważ złamałaby dane słowo"
"**y entonces podría devorarla**"
„a potem mógłby ją pożreć"
"**Esa es una gran idea", respondió la otra hermana.**
„To świetny pomysł" odpowiedziała druga siostra
"**Debemos mostrarle la mayor amabilidad posible**"
„Musimy okazać jej jak najwięcej życzliwości"
**Las hermanas tomaron esta resolución**
siostry podjęły takie postanowienie
**y se comportaron con mucho cariño con su hermana**
i zachowywali się bardzo czule wobec swojej siostry
**La pobre belleza lloró de alegría por toda su bondad.**
biedna piękność płakała z radości z powodu ich dobroci

Cuando la semana se cumplió, lloraron y se arrancaron el pelo.
gdy tydzień dobiegł końca, płakali i wyrywali sobie włosy
Parecían muy apenados por separarse de ella.
Wydawali się bardzo żałować, że muszą się z nią rozstać
y Bella prometió quedarse una semana más
i piękność obiecała zostać tydzień dłużej
Mientras tanto, Bella no pudo evitar reflexionar sobre sí misma.
Tymczasem piękność nie mogła powstrzymać się od refleksji nad sobą
Ella se preocupaba por lo que le estaba haciendo a la pobre bestia.
martwiła się, co robi biednemu zwierzęciu
Ella sabía que lo amaba sinceramente.
ona wie, że szczerze go kochała
Y ella realmente anhelaba verlo otra vez.
i naprawdę pragnęła go znowu zobaczyć
La décima noche también la pasó en casa de su padre.
dziesiątą noc spędziła również u ojca
Ella soñó que estaba en el jardín del palacio.
śniło jej się, że była w ogrodzie pałacowym
y soñó que veía a la bestia extendida sobre la hierba
i śniło jej się, że widziała bestię rozciągniętą na trawie
Parecía reprocharle con voz moribunda
zdawał się ją wyrzucać umierającym głosem
y la acusó de ingratitud
i oskarżył ją o niewdzięczność
Bella se despertó de su sueño.
piękność obudziła się ze snu
y ella estalló en lágrimas
i wybuchła płaczem
"¿No soy muy malvado?"
„Czyż nie jestem bardzo zły?"
"¿No fue cruel de mi parte actuar tan cruelmente con la bestia?"

„Czyż nie było okrutne z mojej strony, że byłem tak nieuprzejmy wobec bestii?"
"La bestia hizo todo lo posible para complacerme"
„bestia zrobiła wszystko, żeby mnie zadowolić"
-¿Es culpa suya que sea tan feo?
„Czy to jego wina, że jest taki brzydki?"
¿Es culpa suya que tenga tan poco ingenio?
„Czy to jego wina, że ma tak mało rozumu?"
"Él es amable y bueno, y eso es suficiente"
„On jest miły i dobry, i to wystarczy"
"¿Por qué me negué a casarme con él?"
„Dlaczego odmówiłam wyjścia za niego?"
"Debería estar feliz con el monstruo"
„Powinienem być zadowolony z potwora"
"Mira los maridos de mis hermanas"
„spójrz na mężów moich sióstr"
"ni el ingenio ni la belleza los hacen buenos"
„ani dowcipność, ani uroda nie czynią ich dobrymi"
"Ninguno de sus maridos las hace felices"
„żaden z ich mężów nie sprawia im radości"
"pero virtud, dulzura de carácter y paciencia"
„lecz cnota, łagodność usposobienia i cierpliwość"
"Estas cosas hacen feliz a una mujer"
„te rzeczy uszczęśliwiają kobietę"
"y la bestia tiene todas estas valiosas cualidades"
„a bestia ma wszystkie te cenne cechy"
"Es cierto; no siento la ternura del afecto por él"
„to prawda, nie czuję do niego czułości i uczucia"
"Pero encuentro que tengo la más alta gratitud por él"
„ale czuję wobec niego ogromną wdzięczność"
"y tengo por él la más alta estima"
„i mam dla niego najwyższy szacunek"
"y él es mi mejor amigo"
„i on jest moim najlepszym przyjacielem"
"No lo haré miserable"
„Nie będę go unieszczęśliwiać"

"Si fuera tan desagradecido nunca me lo perdonaría"
„Gdybym był tak niewdzięczny, nigdy bym sobie nie wybaczył"
**Bella puso su anillo sobre la mesa.**
piękność położyła swój pierścionek na stole
**y ella se fue a la cama otra vez**
i znowu poszła spać
**Apenas estaba en la cama cuando se quedó dormida.**
ledwo leżała w łóżku, bo zasnęła
**Ella se despertó de nuevo a la mañana siguiente.**
obudziła się następnego ranka
**Y ella estaba muy contenta de encontrarse en el palacio de la bestia.**
i była przeszczęśliwa, że znalazła się w pałacu bestii
**Ella se puso uno de sus vestidos más bonitos para complacerlo.**
założyła jedną ze swoich najpiękniejszych sukienek, żeby mu dogodzić
**y ella esperó pacientemente la tarde**
i cierpliwie czekała na wieczór
**llegó la hora deseada**
nadeszła upragniona godzina
**El reloj dio las nueve, pero ninguna bestia apareció**
zegar wybił dziewiątą, a żadne zwierzę się nie pojawiło
**Bella entonces temió haber sido la causa de su muerte.**
Piękność zaczęła się obawiać, że to ona była przyczyną jego śmierci
**Ella corrió llorando por todo el palacio.**
biegała i płakała po całym pałacu
**Después de haberlo buscado por todas partes, recordó su sueño.**
po tym jak wszędzie go szukała, przypomniał sobie swój sen
**y ella corrió hacia el canal en el jardín**
i pobiegła do kanału w ogrodzie
**Allí encontró a la pobre bestia tendida.**
tam znalazła biedne zwierzę wyciągnięte

y estaba segura de que lo había matado
i była pewna, że go zabiła
**Ella se arrojó sobre él sin ningún temor.**
rzuciła się na niego bez żadnego strachu
**Su corazón todavía latía**
jego serce wciąż biło
**Ella fue a buscar un poco de agua al canal.**
przyniosła trochę wody z kanału
**y derramó el agua sobre su cabeza**
i wylała mu wodę na głowę
**La bestia abrió los ojos y le habló a Bella.**
bestia otworzyła oczy i przemówiła do piękna
"Olvidaste tu promesa"
„Zapomniałeś o swojej obietnicy"
"Me rompió el corazón haberte perdido"
„Byłam tak załamana, że cię straciłam"
"Resolví morirme de hambre"
„Postanowiłem się zagłodzić"
"pero tengo la felicidad de verte una vez más"
„ale mam szczęście widzieć cię jeszcze raz"
"Así tengo el placer de morir satisfecho"
„więc mam przyjemność umrzeć zadowolony"
**"No, querida bestia", dijo Bella, "no debes morir".**
„Nie, kochana bestio" – rzekła piękność – „nie wolno ci umrzeć"
"Vive para ser mi marido"
„Żyj, aby być moim mężem"
"Desde este momento te doy mi mano"
„od tej chwili podaję ci swoją rękę"
"Y juro no ser nadie más que tuyo"
„i przysięgam, że nie będę należał do nikogo innego, jak tylko do ciebie"
"¡Ay! Creí que sólo tenía una amistad para ti"
„Ach! Myślałem, że mam dla ciebie tylko przyjaźń"
"Pero el dolor que ahora siento me convence;"
„ale smutek, który teraz czuję, przekonuje mnie;"

"No puedo vivir sin ti"
„Nie mogę żyć bez ciebie"
**Bella apenas había dicho estas palabras cuando vio una luz.**
Piękność ledwie wypowiedziała te słowa, gdy zobaczyła światło
**El palacio brillaba con luz**
pałac lśnił światłem
**Los fuegos artificiales iluminaron el cielo**
fajerwerki rozświetliły niebo
**y el aire se llenó de música**
a powietrze wypełniła muzyka
**Todo daba aviso de algún gran acontecimiento**
wszystko wskazywało na jakieś wielkie wydarzenie
**Pero nada podía captar su atención.**
ale nic nie mogło przykuć jej uwagi
**Ella se volvió hacia su querida bestia.**
zwróciła się do swego kochanego zwierzęcia
**La bestia por la que ella temblaba de miedo**
bestia , przed którą drżała ze strachu
**¡Pero su sorpresa fue grande por lo que vio!**
ale to, co zobaczyła, bardzo ją zdziwiło!
**La bestia había desaparecido**
bestia zniknęła
**En cambio, vio al príncipe más encantador.**
zamiast tego zobaczyła najpiękniejszego księcia
**Ella había puesto fin al hechizo.**
położyła kres czarowi
**Un hechizo bajo el cual se parecía a una bestia.**
zaklęcie, pod wpływem którego przypominał bestię
**Este príncipe era digno de toda su atención.**
ten książę był godzien całej jej uwagi
**Pero no pudo evitar preguntar dónde estaba la bestia.**
ale nie mogła powstrzymać się od pytania, gdzie jest bestia
"Lo ves a tus pies", dijo el príncipe.
„Widzisz go u swoich stóp" – powiedział książę
"Un hada malvada me había condenado"

„Zła wróżka mnie potępiła"
"Debía permanecer en esa forma hasta que una hermosa princesa aceptara casarse conmigo"
„Miałem pozostać w tej formie, dopóki piękna księżniczka nie zgodzi się mnie poślubić"
"El hada ocultó mi entendimiento"
„wróżka ukryła moje zrozumienie"
"Fuiste el único lo suficientemente generoso como para quedar encantado con la bondad de mi temperamento"
„byłeś jedyną osobą na tyle hojną, że oczarował cię mój dobry charakter"
**Bella quedó felizmente sorprendida**
Piękność była mile zaskoczona
**Y le dio la mano al príncipe encantador.**
i podała rękę czarującemu księciu
**Entraron juntos al castillo**
razem weszli do zamku
**Y Bella se alegró mucho al encontrar a su padre en el castillo.**
i piękność była przeszczęśliwa, gdy znalazła ojca w zamku
**y toda su familia estaba allí también**
i cała jej rodzina też tam była
**Incluso Bella dama que apareció en su sueño estaba allí.**
nawet piękna kobieta, która pojawiła się w jej śnie, była tam
"Belleza", dijo la dama del sueño.
„Piękno" – powiedziała dama ze snu
"ven y recibe tu recompensa"
„przyjdź i odbierz swoją nagrodę"
"Has preferido la virtud al ingenio o la apariencia"
„wybrałeś cnotę ponad dowcip i wygląd"
"Y tú mereces a alguien en quien se unan estas cualidades"
„i zasługujesz na kogoś, u kogo te cechy są połączone"
"vas a ser una gran reina"
„będziesz wielką królową"
"Espero que el trono no disminuya vuestra virtud"
„Mam nadzieję, że tron nie umniejszy twojej cnoty"
**Entonces el hada se volvió hacia las dos hermanas.**

następnie wróżka zwróciła się do dwóch sióstr
"He visto dentro de vuestros corazones"
„Widziałem w waszych sercach"
"Y sé toda la malicia que contienen vuestros corazones"
„i znam całą złość, jaką kryją w sobie wasze serca"
"Ustedes dos se convertirán en estatuas"
„wy dwaj staniecie się posągami"
"pero mantendréis vuestras mentes"
„ale zachowacie swoje umysły"
"estarás a las puertas del palacio de tu hermana"
„staniesz u bram pałacu swojej siostry"
"La felicidad de tu hermana será tu castigo"
„szczęście twojej siostry będzie twoją karą"
"No podréis volver a vuestros antiguos estados"
„nie będziesz mógł powrócić do swoich poprzednich stanów"
"A menos que ambos admitan sus errores"
„chyba że oboje przyznacie się do swoich błędów"
"Pero preveo que siempre permaneceréis como estatuas"
„ale przewiduję, że zawsze pozostaniecie posągami"
"El orgullo, la ira, la gula y la ociosidad a veces se vencen"
„duma, gniew, obżarstwo i lenistwo bywają przezwyciężane"
" pero la conversión de las mentes envidiosas y maliciosas son milagros"
„ lecz nawrócenie zazdrosnych i złośliwych umysłów jest cudem"
**Inmediatamente el hada dio un golpe con su varita.**
Wróżka natychmiast machnęła różdżką
**Y en un momento todos los que estaban en el salón fueron transportados.**
i w jednej chwili wszyscy, którzy byli w sali, zostali przeniesieni
**Habían entrado en los dominios del príncipe.**
udali się do włości księcia
**Los súbditos del príncipe lo recibieron con alegría.**
poddani księcia przyjęli go z radością
**El sacerdote casó a Bella y la bestia**

ksiądz poślubił piękną i bestię
**y vivió con ella muchos años**
i żył z nią wiele lat
**y su felicidad era completa**
i ich szczęście było pełne
**porque su felicidad estaba fundada en la virtud**
ponieważ ich szczęście opierało się na cnocie

**El fin**
Koniec

www.ingramcontent.com/pod-product-compliance
Lightning Source LLC
Chambersburg PA
CBHW011555070526
44585CB00023B/2610